머무르고 싶은 순간들

강흥식 시집

머무르고 싶은 순간들

문경출판사

시인의 말

　어머니의 치맛자락을 잡고 뛰어논 지 엊그제인데 고희(古稀)를 맞아 부모님 벌초를 다녀왔다. 산소의 잔디를 말끔히 깎고 주변을 정리하니 어릴 때 벌거벗기고 등목을 시켜주시던 어머니의 손길과 엄하셨던 아버님의 속사랑이 무지개처럼 피어올랐다.

　그동안 글재주도 없는 사람이 이것저것 서툰 글을 써왔다. 어느 때인가 글을 모아 정리하고 싶었는데 칠순 생일을 맞아 하늘나라에 계신 부모님께 드리게 되었다. 살아 계실 때 엄하셨던 아버지와 평생 자식을 위해 헌신만 하시며 가슴에 품었던 한을 풀지 못하시고 가신 어머니 생각을 중심으로 퇴직 후 고향에서 새소리 들으며 흙빛 얼굴로 생활해 온 일들을 엮어 보았다. 여러 번 망설이던 중 대전에 사는 유재봉 시인님께서 용기를 주시고 평설을 덧붙여 주셨다. 진심으로 감사드리고 조금 부끄러운 마음을 숨게 해서 다행스럽다

2022년 9월
尙古軒에서 강 홍 식

차례

■ **시인의 말** · 9

17 · 느티나무
18 · 가갸거겨……
20 · 성못길
22 · 배나무집 아들
24 · 벼락
26 · 투가리
28 · 고라실 논(畓)
30 · 콩나물
32 · 무
34 · 호박꽃
35 · 새벽 전투
36 · 낫을 갈며
38 · 타작
39 · 샘터에서
40 · 감나무
41 · OK
43 · **亡妻**꽃
44 · 을문이
45 · 단호박
47 · 경운기 소리

48 · 마당
50 · 아버지 · 엄니
53 · 시골집
55 · 탈출

59 · 덧니
61 · 풋대추
62 · 그냥
63 · 불통
65 · 흙빛 얼굴
66 · 육체미

71 · 그대에게
72 · 봄비
73 · 매미
74 · 가을 소묘
76 · 빈집
77 · 붕어
78 · 백합
80 · 개나리
81 · 샘터에서

82 · 산까치
83 · 수돗물
84 · 탑정호
85 · 산비둘기
86 · 소나기
87 · 계곡에서

91 · 백일주(百日酒)
93 · 첫눈
94 · 농주(農酒)
95 · 포장집
96 · 첫눈이 내린다

제5부
99 · 대나무
100 · 버팀목
102 · 할아버지
104 · 이별 연습
106 · 숲속에서

수필

109·고향
112·별명의 씨
115·우리 아이들의 행복 찾기
119·姜應貞 夫婦의 효행과 兩性平等의 實踐

| 작품해설 |
살아온 여정이 보이는 시적 서정의 형상화
_유재봉·122

느티나무*

마을 어귀
지금은 눈부신
가을

탯줄을 지키는
느티나무 아래

낙엽처럼 그렇게라도
둥글고 싶다

낯선 사람 속에
생각나는 아버지 나이
오늘은 착한 아들이 되나보다

지금은 눈부신
가을

*느티나무 : 1974년도 새마을 운동 당시 아버님이 우리 논둑에 있는 느티나무를 마을 어귀에 심으신 48년생 성목

가갸거겨……

글을 알면 출가하여
시집살이 세세히 적어
편지질 한다고 학교 근처도 못 가보신
까막눈 울 엄니

열여섯에 가마 탄 후
호랑이 시부모 뜻 받들고
성깔진 남편 뒷바라지에
칠 남매 낳고 기르느라
마음은 굴뚝같아도
까막눈 틔우지 못한
아롱아롱 이슬 맺듯
서리서리 울 엄니 마음

백발이 서리서리
자식새끼 장성한 후
일흔 여덟 황혼 길에
가슴 깊이 품었던 한
이제야 풀겠노라
허연 눈빛에 돋보기 걸치시고
헌 달력 쭈욱 찢어
언문 선생 아들에게

가갸거겨……
적어 달라시던 울 엄니 자존심

해 지는 줄 달 뜨는 줄
까맣게 잊으시고
읽고 쓰고 한 달 만에
까막눈 조금 틔웠다고
가슴앓이 풀었다며
싱글벙글 미소 짓던
울 엄니 웃음 소리

불혹을 넘긴
국문 선생 아들
엄니의 한 풀이에
맴도는 눈물

성묫길

저승을 향해
아버님이 걸으시던
오작교 무지개 탑

향을 피우고 시접 올리고
손 모아 맑은 잔 올리면
회색빛 향 내음따라
가슴에 살아나는 아버님 말씀
대추알을 씹듯 일하라

시접 두드려 합장하고
첨작 올려 재배한 후
엎드려 눈을 감으면
뇌리에 솟아나는 아버님 말씀
알밤을 까듯 살림을 하라.

아버님이 가신지 스물 두해
진흙인지 된장인지 분별 못하고
대추도 모르고 알밤도 잊은 채
버려진 시간

울 안 모퉁이

흐드러진 대추 빛
성못길 밭두렁에
알밤 터지는 소리
아버님이 걸어오신다.

배나무집 아들

봄이면 아버지는
논·밭두렁에 나무들을
닥치는 대로 심으셨다

회초리만한 과일 나무를
빈터에 심으시고
나무가 자라는 동안은
말씀이 없으셨다

으레 봄철 일요일엔
구덩이를 파고 나무를 심었다
아버지의 지시에 따를 뿐이다

어느 해 식목일
내 이름을 흥식興植이라 지은
연유를 알려주셨다
나무를 심어 번성하게 키우듯
가문을 일으키라는 과제를 주셨다
흔히 들려주는 아버지의 훈계로만 들렸다

초등학교 4학년 되던 식목일
훗날 나를 공부시키려고

아버지는 배나무 백 주를 심었다
당시 면내 최초의 배나무 과수원이다

학교를 다니는 동안 배나무는 자라
과일이 탐스럽게 많이 열려
대학졸업장도 받은 배나무집
아들이 되었다

고희의 나이가 되었다
아버지처럼 수십 종의 나무를 심었다
뜰 안이 과일 나무가 무성하다
아들 녀석이 날 닮기를 기대해 본다

뒤뜰에 심은 배나무에 꽃이 활짝 필 때면
아버지가 삽자루를 들고 호령하신다

벼락

울안 감나무에
감이 다닥다닥 열렸다

옆집 아주머니가
시집오던 칠십 해전
감나무에 벼락이
떨어졌다

벼락을 맞고도
해거리를 모르는 채
주렁주렁 열렸다

벼락이 내리친 터는
음양이 조화를 이루어
과일과 곡식이 잘 된다고
할머니는 중얼 거린다

소나기가 지나가며
천둥을 내리치고
태풍이 스쳐가도
떨어지는 감이 없다

손가락을 꼽아보니
감나무에 벼락 치던 해가
내가 태어난 해이다

투가리

탯줄을 끊고 나서
처음 들린
엄마의 목소리

문지르고 쓸고 닦아도
풍기는
투가리 된장 냄새

타향에 외로이 살면서
언뜻언뜻 스치는
고향 하늘

오랜만에 만난
소꿉친구 사이에
서슴없이 튀어나오는
욕설

늙어 다리 힘 빠져
찾아온 고향 길에
울컥 치솟는
뜨거운 눈물

죽어서 파묻히고
썩어서도 풍길
흙냄새

고라실 논(畓)

백 년 동안
빗물이 고이고
땀방울이 쌓이고
웃음이 섞이고
아픔이 스쳐간
눈물 어린 텃논

증조부님 불호령 소리
조부님 엄명이
아버님의 말씀이
얽히고 찌든
텃논 닷 마지기

논배미에 퍼지는
쇠스랑 내리치는 소리
돌들돌 긁쟁기 소리
논 갈아 넘기는 쟁기 끄는
황소의 가쁜 숨소리
요란한 경운기 굉음에 묻힌다

오늘도
짧은 치마 소저 그림자

댕기 딴 처녀의 펄럭대는
치마 자락 소리에
노총각 눈동자 힐끗거리며
고라실 논 닷 마지기에
청춘이 녹는다

콩나물

팔을 휘둘러
도리깨질을 한다

뜰팡에 앉아
턱을 괴고 바라보면
신나고 재미있다

도리깨가 돌때마다
으스러지는 콩깍지
콩이 튕기는 소리가
뜰안에 요란하다

곤히 잠을 자다
새벽 눈 살며시 뜨면
어머니는 콩나물시루에
물을 주고 있다

쪼르르
시루에 내려오는 물소리에
잠이 든다

아침에 눈을 뜨니

시루 머리에
노란 콩나물 머리가
쑤-욱 올라와 밤새
안부를 묻는다

아내가 저녁 준비로
콩나물을 다듬는다

아내가 다듬는 콩나물
까마득한 코흘리개 전설이
성큼 피어 오른다

무

자갈을 삼켜도 삭힐
산골마을 소년은
아랫배를 움켜쥐고
언덕길을 내려 온다

소년은
십 리 길을 걸으며
비탈길을 내려오다
밭두렁에 비친 무 밭을
바라보고 군침을 삼킨다

주린 배는
나라 상감도 못 참는다고
염치 불구하고 무밭에 달려가
무를 발로 차 뽑는다

나둥그러진 무청의 껍질을
손톱으로 물어 뜯어내어
허기진 배를 채우고
미소를 짓는다

이제 소년은
백발의 노인이 되어
가을이면 무밭에 나가
무청속의 추억을 더듬으며
행복을 되새김질 한다

오늘은 소년시절 허기를
채워준 무밭을 찾았다
무는 안 보이고 보릿고개 전설이
가물가물 언덕에 피어오른다

호박꽃

초여름 햇살
가슴에 살포시 안고
허공을 찌르는 숨결

외모는 초라하나
후덕한 매무시에
자태가 얌전한
부잣집 맏며느리

아침 햇살 오붓이 모아
속살 두툼히 채우고
저녁 별빛 들이마시고
잉태를 꿈꾸는 어머니 가슴

새벽 전투

어둠을 지우고
아무리 서둘러도
새와는 경쟁이 안 된다

포도동거리는 새소리가
새벽을 먼저 깨운다

새보다 조금 앞서는 것은
꼭두새벽을 쓸어내는
환경미화원의 빗자루 소리다

아니
뜰 안의 텃밭을 동동거리는
농부의 발자국 소리다

오늘은 착한 농부가 되어
농작물을 깨우고 잡초를 뽑고
거름을 뿌리고 벌레를 잡아주는
새벽 전투를 하고 싶다.

낫을 갈며

비가 오는 날이면
쓰싹쓰싹 낫을 간다

비가 그치자
논두렁 밭두렁 풀이
싹둑싹둑 넘어진다

우거진 풀이 잘려지고
말끔히 단장된 논두렁
빡빡머리 내 모습이다

풀과의 전쟁
논밭 갈이 전투에서
낫은 뛰어난 전술 무기다

비오는 날
풀과의 전쟁 승리를 위해
전술 무기 예초기를
점검하고 손질한다

풀을 제압하는
무기는 많지만
예초기는 기관총이다

오늘은 쓱싹쓱싹 낫을 갈며
풀과 전쟁에서 필승할
드론 예초기를 고안해 본다

연구를 성공을 위해
온종일 소나비가 내리기를
기대한다

타작

애야
힘 빼고 어깨 돌려라
도리깨 들어 올리면
잔소리가 들린다

애야
깨알 뭉그러질라
도리깨를 내리 칠땐
병든 사내 힘으로 치거라

애야
깨알 튀어나갈라
들깨 다발을 뒤집을 땐
갓난 애기 돌려 눕히듯
살그머니 뒤집어라

가을날 앞마당에 떨어지는
시어머니 잔소리에
툉겨 떨어지는 들깨 알처럼
가을이 야무지게 익어간다

샘터에서

물줄기가 잡히고 마을에는
실낱같은 꿈이 비쳤다

물줄기가 솟구치는 날
마을 사람들의 꿈은
포도 알처럼 굵어져 갔다

종그라기 물을 마시는 날
물빛은 수정처럼 맑았다

집집마다 물독이 채워지고
후덕한 인심은 샘물처럼 솟아나
아낙네 아랫도리를 흥건히 적셨다

감나무

감나무골 김영감님은
아들 넷을 두고
감나무만 믿고 살았지

감 팔아서 공부시킨 첫째는
출세해서 떠나고
감나무를 싫어하던 둘째는
일이 무서워서 야반도주하고
힘쓰고 뱃심 좋은 셋째는
계집 꼬임에 떠나고
김영감님 내외는
병들어서 떠났다

막둥이 칠석이는
장가를 못가
감나무에 목을 매고
홀연히 떠났지

OK

　우리 마을에 스무 살에 청상과부가 된 할머니가 있습니다. 시집간 지 사흘만에 남편을 보내고 사십 년간 '오-우케이'를 되내며 한숨으로 살았습니다.
　마흔 해 전 시월 열사흘 날 동갑내기 총각에게 머리를 올린 후 달콤한 첫날밤을 보내고 사흘 만에 친정에 왔습니다. 마을 사람들은 신랑을 단다고 법석을 떨며 신랑의 두 다리를 묶어 대들보에 매달고 발바닥을 두들기며 첫날밤 이야기를 문초를 하였습니다. 방망이가 내리치는 순간 '악, 으악', '으아악' 찢어지는 비명과 동네 사람들의 깔깔대는 웃음이 사립문을 넘어 뒷동산에 울려 퍼졌습니다. 때마침 빨갱이를 뒤쫓던 코쟁이가 달빛 속에 퍼지는 비명소리를 듣고 권총을 뽑아들고 들이닥쳤습니다. 방안에 든 사람들은 벌벌 떨며 납빛 얼굴로 서로의 얼굴만 바라볼 뿐이었습니다. 코쟁이는 꼬부랑말로 무어라고 닥달질을 쳤지만 아무도 그 말을 알아들을 수 없었습니다. 아무런 대꾸가 없자 대들보에 대롱대롱 매달린 신랑에게 "아-유 코뮤니스트(빨갱이)?" 하며 윽박질렀습니다. 겁에 질린 신랑은 떨리는 목소리로 "오-우케이, 오-우케이(빨갱이라고 시인)"를 외쳤습니다. 그 순간 방아쇠가 당겨졌고 신랑은 '오-우케이'를 입술에 피를 흘리며 눈을 감았습니다.
　그 일이 있던지 마흔 해가 흘렀지만 아직도 청상과부

할머니는 '오-우케이'가 무슨 말인지도 모릅니다. 단지 낭군이 남긴 마지막 말이기에 세상에서 가장 귀한 말로 들릴 뿐입니다.

亡妻꽃

　우리 마을 박씨는 언제나 새벽에 일어나 앞마당 화단에 달려가 중얼대며 인사를 합니다. 인사를 받은 꽃들은 생기를 얻어 가지를 흔들며 집은 허름하나 앞마당 화단은 호화로운 저택 화단보다 아름답습니다. 서너 해 전 홀아비가 된 이래 화단을 가꾸어 왔습니다. 부인이 살아서 꽃을 좋아한 나머지 농사일 보다는 화단의 꽃들을 사랑했습니다. 눈코 뜰 새 없는 농사철에도 농물을 내팽개치고 화단의 꽃 가꾸기를 고집하는 아내를 바라보며 당신이 먼저 세상을 버리면 화장해서 화단에 뿌려주겠노라 말다툼 끝마다 되뇌었습니다. 말이 씨가 된다더니 아내가 교통사고로 아내가 먼저 세상을 떠났습니다. 박씨는 아내 살아생전 되내던 말대로 화장하여 앞마당 화단을 넓혀 아내를 뿌리고 꽃과 풀, 나무를 심어 아내가 영원히 꽃으로 살기를 기도하였습니다. 오늘도 박씨는 어김없이 새벽에 일어나 화단 꽃 속에 누운 아내를 바라보며 눈물 섞인 그리움을 중얼중얼 토로하고 있습니다.

을문이

고향 냇가에 을문이가 산답니다. 그는 제사지낼 할아비도 할미도 없습니다. 섬길 아비도 어미도 모르고 뜯어가는 동기간도 없이 홀가분하게 산답니다. 새벽에 일어나 해장술로 요기한 후 집을 빠져나와 넓은 시내를 제멋대로 쏘다니며 주막 들러 술 한 잔, 여염집 들러 밥 한 술로 허기를 채웁니다. 해 기울면 집에 돌아와 냉기 서린 방바닥에 배를 깔고 누워 아랫도리를 주물럭거리며 히덕히더덕 코웃음을 치며 산답니다. 그러다가 아랫도리 힘 빠지고 창새기가 썩어지면 아랫배에 알을 실고 돌무덤에 머리를 박은 채 극락을 꿈꿉니다.

단호박

호랑이가 오셨습니다
잔소리가 오셨습니다
섬짓한 눈초리로
시어머니가 오셨습니다

허리춤에 봉지 달고
백발이 오셨습니다
철딱서니 손주는
펄쩍펄쩍 뜁니다
알밤과 곶감이 떠오르고
강냉이가 그리웠나 봅니다

지팡이에 걸린 봉지가 풀리더니
뇌깔스런 눈초리로 며느리를 흘깁니다
집모퉁이 빈터에
호박을 심어놓고 가셨습니다
초승달이 뜨던날 옹고집이 오시더니
똥을 묻고 가셨습니다

두 그믐이 지나고 달려오셨습니다
매달리는 손주녀석도 뿌리치셨습니다
담장에 늘어진 호박덩굴이

궁금했나 봅니다
멍청한 며느리가 답답했나 봅니다
진홍색 단호박이 빛을 토하던 날
꿀병을 던져주고 말없이 가셨습니다

꿀 병을 받던 날
아내는 몹시 하혈이 심했습니다
신음 속에 끔뻑이던 눈빛이
갑자기 번득였습니다
꿀 병과 단호박이 생각났나 봅니다

호박 꿀을 먹고 난 아내는
가벼운 몸으로 무릎을 조아리며
긴 눈물 줄기를 쏟으며
시어머니 만수무강을 빌고 있었습니다.

경운기 소리

추위가 주춤하더니
봄비가 내립니다
한동안 잠잠하던
경운기 소리가 요란합니다

한참 있다가 사람소리가
웅성거립니다

풀들은
먼저 크려고
발을 동동거립니다

꽃들은
먼저 피려고
아귀다툼을 합니다

나무 이파리도
뒤질까봐 서둡니다

산과 들에 밀물처럼
봄이 밀려옵니다

마당

마당이 텅 비었다
그래서 편안하다

비가 내려도 시원하고
눈이 쌓이면 푸근하다

바람이 싫증나지 않아
바람이라 더 좋다

대추나무는
큰 가지에 가시를 달고
잔가지에 총칼을 차고
밤낮을 경비한다

잎들은 하루의 안전을
지키며 포옹한다

석양 무렵 달맞이 꽃은
기지개를 켜고 서서
칠흑 같은 밤을 지킨다

이 집에 주인장은

풀벌레 소리에 예민하다
소리가 멈추은 일 없도록
특별히 신경을 쓴다

새벽이 되면
뜨거운 포옹을 풀고
대추나무와 다시 교대한다

교대 의식은 별것 없지만
빈 마당을 빈틈없이 지킨다

아버지 · 엄니

나에게 티끌 하나
주지 않은 걸인들이
네게 손을 내밀 때면
불쌍하다고 생각했습니다

그러나 나에게 전부를 주신
아버지와 엄니를 불쌍하다고
생각해본 적이 없습니다

나한테 밥 한번 사준
친구나 선배들에게
고마운 마음에 식사를 대접했지만
날 위해 정성껏 '새벽밥'을 짓고
밤늦게까지 기다려 주신
엄니에게 감사하다고
생각해본 적이 없습니다

실제로 존재하지도 않는
드라마 속 배우들 가정사에
그들을 대신해 눈물을 흘렸습니다

그러나 일상에 지치고

힘든 부모님을 위해
진심으로 눈물을
흘려본 적이 없고

칠 남매 먹여 살리려고
허리가 휘어지도록
논밭을 갈고 파시던 아버지이셨고
낳고 기르느라 화장품 한번
제대로 쓰지 못하고
뒷방에 누워 아파하시던 엄니셨는데
부모님을 위해 걱정 한번
제대로 해본 적이 없습니다

친구와 애인에게는
사소한 잘못 하나에도
미안하다고 사과하고
용서를 구했지만
부모님에게 저지른 잘못은
셀 수도 없이 많아도
한번도 용서를 구하지 않았습니다

죄송합니다

이제야 알게 되어
죄송합니다
아직도 너무도 많은 것을
알지 못해 정말 죄송합니다.

시골집

고향 땅 밟으면
가슴 아려라

벽돌 속 숨 쉬다
어느 날 전화 받고
버스로 한 시간
걸어서 오십분
청솔가지 연기
피어오르는
고향 땅 밟으면
저려오는 가슴

신작로에 내려
논둑 질러 오솔길로
산모롱이 돌아서면
누렁이 송아지
동구에서 어미 찾고
땡볕에 찌든 얼굴
방아짝 지고 반기는 곳

알곡 빼낸 짚가리가
논배미에 쌓였어도

아버지가 만든 토광
빈 가마뿐인 시골집

노총각 아들 혼인 지내고
등잔불 아래 얼굴 맞대면
천둥지기 다랭이 논두렁같이
가슴앓이도 모르는 흙빛 얼굴들

하고 싶은 사연 산더미 같아도
냉가슴만 앓는 가족들 눈빛

탈출

그동안 걷고 뛰던
아스팔트를 탈출하여
흙냄새 풀풀 나는
둥지를 틀었다.

처음엔 잔칫날처럼 들떴지만
사글세 전세로 이삿짐을 싸며
내가 가난하다는 것을 알았다

사십년을 넘게 쌓인
먼지를 털어 쓸어 던지고
감나무가 늘어진
넓은 마당을 밟고 서던 날
가난 탈출을 알았다

마당가 그늘에 서니
너른 뜰에 빨간 석류가
탐스럽게 달린 집을
동경하던 어린 시절의
소망이 살아났다

허물을 벗고
탈출해야 큰다는데

환갑을 넘어 어렵사리
허물을 벗어 던지고
산골 고향 널다란 마당에
석류나무를 심었다

소망을 이루었다.
마지막이지 싶다
탈출할 일도 없다

덧니

밤새 내리치던
비바람이 그치면
새벽녘 옹기종
감나무 밭을 찾는다

비바람에 떨어져
사방에 나뒹군 반홍시
감은 달달하다

소년은 눈에
널려진 감은 보이지 않고
단발머리 소녀만
기다릴 뿐이다

감나무 아래 몸을 낮추고
담장너머를 힐끗 본다
소녀의 웃는 모습에
하얀 덧니가 햇살에 빛날 때
소년의 가슴은 두근댄다

소녀가 보이지 안 보이면
홍시가 땡감이 되어

감맛을 모른 채 담장너머
소녀의 쪽방문을 기웃 거린다

쪽방에 든 소녀가
나타나길 기다리며
뒷금치를 들고 기웃거리다
소녀 엄마의 불호령에 놀라
겁에 질려 내달아난다

교실에서 마주친 웃음 소리는
소녀의 덧니가 은빛으로 빛나며
해맑은 얼굴은 달덩이처럼 밝았다

오늘 감나무 아래 서서
소녀의 덧니를 그리며
풋사랑을 더듬어본다

풋대추

하늘바라기 색시가
신랑하고 근친을 왔다

새신랑 품에 안기고
야들야들해진 산골 색시가
생글생글 친정에 왔다

옹달샘 달을 품고
응어리진 멍울을 푸는
산골 처녀들이 모여앉아
첫날 밤 얘기를 졸라댔다

"늦가을 풋대추는 그래도
 눈이나 뜨고 먹지……"
 눈도 못 뜨겠더라

산골 처녀들은
가쁜 숨을 감추며 군침만
삼키고 있었다

그냥

뜬금없이
전화가 왔다

무엇하고 지내냐고
안부 전화다

반갑다
잘 지낸다

보름 후 내가 걸었다
건강은 어떠냐고

뭐 그냥 그렇지
웬지 볼멘 대답이다

코로나 예방은 잘 하는가
그냥 마스크는 잘 쓰지

심심한 사람
할 일 없는 사람

나이 먹으면
그냥, 그냥으로 통한다.

불통

고희의 나이
주름살이 골진
친구들이 모였다
동창들이다
동심이 다시 피었다

코로나로 인해
오랜만의 만남이다
흥이 날 법한데
웬지 서먹하고
그전만 못한 분위기다

말투가 늘어지고
언성이 점점 높아지고
들으려 하지 않고
제 말만 앞세운다

아직 귀가 먹을
나이는 아닌데
알아듣지 못한다

양기만 입술에

잔뜩 오르니
자연 시끄러울 수밖에
통하지 않으니
짜증스럽기만 하다

요즘 들어
영 안 통한다고
불통이라는 말이
왜 오르내리는 지
알 것 같다

그래도 고희의 나이에 만난
동창생이 반가웠다.

흙빛 얼굴

조상 대대로
고향을 지켜오던
뱀골 사는 김서방은
계산도 모르고 살았다

땀으로 범벅된 몸뚱이로
땅에 흘린 땀만큼
흙은 옥토로 변하고

추수 때는
한 해 동안
땅을 갈고 일군 만큼
더도 덜도 아닌 수량의
볏섬을 거둬들이는
하늘의 뜻에 따라
흙빛 얼굴로 살아간다

육체미

사우나를 가면
미끈하게 생긴
멋진 몸매들이
눈 앞에 얼씬거린다

무처럼 쭉 빠진 종아리
떡 벌어진 총각들의 어깨
애비들의 듬직한 엉덩짝이
하모니를 이루는
육체미 경연대회다

육중한 사내들의 몸뚱아리가
탕 안을 가득 메운다
눈빛들이 힐끗힐끗 남의
사지를 훔쳐 본다

자랑스럽고 뽐내는 얼굴
부끄럽고 수줍은 얼굴
무언의 경연대회다

그러나
묵묵히 탕 구석에서

여든 여덟 아버지의 몸을
매만지며 솥뚜껑 손으로
등을 밀며 두드리는 아들
울퉁불퉁한 팔 근육이 아름답다

요즘 보기 드문
아름다운 풍경이다

그대에게

그대는
탑정호에 물든
황금노을이기 보다는
구름사이에 뜬
별이었음 좋겠어

그대는
버드나무 실가지 사이를
오르는 보름달이기 보다는
동짓달 빈 논길을 쓰다듬는
달빛이었음 좋겠어

그대와 내가
서로 물이 되어
흐른다면
갯벌을 허무는
밀물 썰물 보다는
물오리 떼 쉬어가는
저녁 강물이었음 좋겠어

봄비

추위가 주춤하더니
봄비가 주룩주룩 내린다

경운기 소리가 요란하더니
사람소리가 들린다

새싹들은 먼저 피려고
키재기를 켠다

꽃봉오리는 먼저
피려고 다툰다

나무 이파리도 뒤질까봐
가슴을 서둘러 편다

산과 들에 밀물처럼
봄기운이 밀려온다

매미

한 점 바람도 멎은
감나무 삭정이 위에

한 줄기 찌린 울림
감잎에 앉은 불볕

매미는
팔월 한낮을
쩌렁쩌렁
익히고 있다.

가을 소묘

감나무 골 앞산 언저리
감이 다닥다닥 걸려
햇볕에 고개를 숙입니다

밭두렁을 돌면서
훠이훠이 까치 떼를 쫓습니다

이 넉넉한 가을에
쪼면 얼마나 축내겠습니까?

가을은 덧칠 없는 모습이 좋습니다.
초가지붕 위에 제풀에 말린
빨간 고추처럼 말입니다

감골 뒷산 개울자락
호두나무 가지에
다람쥐 한 마리 웅크리고 앉아
사방을 두리번댑니다

호두알을 훔치다
내 눈과 마주칩니다

무서워하거나 머뭇거리는
낌새가 없습니다

오히려
두려움에 떠는 것은
바로 내 가슴입니다.

빈집

오랜만에 함박눈이 내린다
제방 둑을 따라 쌓인 하얀 오솔길이
다 끝나지 않은 언덕 위에
빈집 한 채 넘어질 듯 비스듬히 서 있다

울타리도 사립문도 없는 텅 빈집이다
대나무 설경에 둘러 싸여
오히려 멋진 저택이다

산비둘기가 대숲 사이를 오가며
흩날리는 눈가루가 비둘기 깃털과 어울린다
쓸쓸한 빈 집 한 채
밤새 꿈속에 헤매던 별장이다.

붕어

탑정호에
봄비가 내린다

수면에 잔잔한 파문이 일더니
가슴이 출렁인다

산모퉁이 카페
진한 커피 향기가 마시며
둥지 떠난 철새를 기다린다

봄비에 취한 벚꽃
기지개를 치더니
살진 붕어가 파닥이며
떨어지는 꽃잎과 눈을 맞춘다

겨울 내내 그리던 벚꽃을
빙판 아래 배회하여 자맥질하던
붕어의 눈빛

백합

아린 핏속에
쓰라린 절망을 담고
피눈물로 솟아난
백합 두 송이

초저녁부터 쏟아지는 비에
새도록 젖고 있었다
그 언제부터
너를 향한 저주이다가
나를 위한 긴장이다가
아프게 피어난
두 송이 백합

조석으로
긴긴 추억을 되씹으며
가냘픈 몸놀림이다가
쪼그라진 절망이다가

허나
가냘픈 가슴에
하나의 노란 절망이
웅크리고 앉아

빗물에 젖어야 할 아침
실연失戀처럼 아리다

개나리

샛둑에 나란히 선
흐드러진 노란 치마
바람난 누님처럼
요란스런 매무시로
논두렁을 거니는
꾀죄죄한 노총각과
마주치는 눈길

네 활개 풀어 헤친
웃음 파는 헤픈 얼굴
바람난 과부처럼
간드러진 웃음으로
애간장 녹아드는 홀아비와
오가는 속삭임

샘터에서

물줄기가 잡히고 마을에는
실낱같은 꿈이 비쳤다

물줄기가 솟구치는 날
마을 사람들의 꿈은
포도 알처럼 굵어져 갔다

종그라기 물을 마시는 날
물빛은 수정처럼 맑았다

집집마다 물독이 채워지고
후덕한 인심은 샘물처럼 솟아나
아낙네 아랫도리를 흥건히 적셨다

혼사를 앞둔 순이가 샘터를 밟던 날
하나님의 축복이 곱게 내리어
마을의 꿈은 순이 젖가슴처럼
부풀어 올랐다

산까치

뒤뜰 대나무 숲에
산까치가 대나무에
기대어 무료를 달래고 있다

가지에서 가지로
이 대에서 저 대로
옮겨 바꿔 앉았다가
인기척에 놀라 머언
하늘로 날아갔다

십여 마리 산까치 중에서
입을 꼭 다문 한 마리가
나를 지켜보고 있었다

한 마리의 산까치에
걸어보는 긍정의 의미
더는 볼 수 없을 때까지
산까치 한 마리
나를 놓치지 않고 앉아있다

수돗물

치솟는 물기둥
바라본다.

하얀 물빛에는
푸른 하늘과 흰 구름 떠가고
프랑크톤 들이키는
잉어의 아가미 놀림에
놀란 빙어의 맑은 눈

낙하되는 폭포에 들어본다.
수몰 지구에 떠도는 넋의 절규
실향민의 향수 배인 출렁거림

가만히 구부려
마셔본다.

막힘없는 물줄기에
어느새 내 창자는 대청댐의
고무호스로 꼬인다

탑정호

봄비가 내린다
탑정호의 잔잔한 파문에
가슴이 출렁인다

산모롱이 까페에서
커피 향기에 취해
둥지 떠난 철새를 기다린다

벚꽃이 흐드러진
가지 사이로
날아드는 물오리떼
파닥이는 붕어의 발길질에
싸락눈이 빙판에 붐빈다

산비둘기

한 해 동안
뜰 안 대나무 숲을 맴도는
알록달록 산비둘기

하늘 끝까지 보일 듯한
쾌청한 휴일 아침

일곱 마리의 산비둘기가
콩을 펼쳐놓은 마당 앉아
다투어 콩을 쪼며
간밤의 일들을 속삭인다

누군가 엿들을까
새가슴으로 힐끗힐끗
눈치를 본다

세찬 대숲 소리에
나래를 펼치고 허공을
치며 날아간다

집에 두고 온 새끼가
걱정이 된 모양이다

소나기

하늘에서 소나기가
퍼붓듯 내리는 뜰에 섰다

빗속을 날뛰던
황소 한 마리 다가와
풀 망태 짊어진 몸을
논두렁에 밀어 붙였다

소낙비를 맞고
황소 뿔에 받힌 몸
끙끙 앓아누워
가슴을 움켜쥐고
눈물을 흘렸다

애 태우며
빗속 뜰 안을 거닐다
폭염에 싸인 뜨락에
흙탕물이 범람하여
논두렁 무너지는 소리에
당신의 긴 숨소리가
허공에 쌓인다

계곡에서

불볕 가뭄에 덥힌
올 여름 안부를 물으면
더위에 지쳐 죽고 싶다기에
죽음이 두려워 계곡을 찾는다

골짜기 흐르는 물
가뭇없이 골골이
깔딱거리는 숨소리가
발악의 극치를 이루는
식장산 골 웅덩이다

골 바닥 자갈 아래
신음하는 해맑은 소리
그 어디쯤에 체면을 죽이고
알몸이 된다

바위 벼랑 끝에서
용을 쓰며 버티고
누운 소나무를 보며
참는 연습을 한다

버티는 자세는 우직함
견디는 시간은 어리석음
그 사이에 참사랑이
물밑에 스민다

어둠속에 뿜는 물소리는
더욱 청결하다

나뭇잎 사이로
쏟아지는 별빛은
골짜기로 모여
살아 숨 쉬는
별 웅덩이가 된다

제4부

백일주(百日酒)

총각·처녀가
사랑을 나누다
백일 기념으로
첫 키스를 나눈다

아기가 태어나면
백일잔치 상을 차려
백년을 장수하도록
백수를 기념한다

백일의 시간은
성공과 축복의 시간이다

고희를 맞아
백수 건강을 위해
백일주를 담갔다

찹쌀 반 가마에
누룩과 열여섯 가지 약초를 넣고
백만 원의 돈과 정성을 쏟았다

백일이 되어
술 익는 냄새가
뜰 안에 진동했다

용수에 가득 채워진 술
백 잔을 떠서 담았다

백 명에게 한 잔씩 돌리며
백세까지 사시길 빌었다

백 잔의 술이 돌려진 날
백 일만에 함박눈이 내려
백 사람의 얼굴이 눈 위에
또렷이 박히고 웃음꽃이
활짝 피어났다

첫눈

술 생각이 날 때가 있다
혼술이면 어떠랴

때마침 조용한
첫눈이 내린다

느릿느릿 눈의 속도에 맞춰
천천히 마신다
그래야 될 것 같다

하늘에서 내리는 눈
거의 땅으로 내려왔는데
서둘 턱이 있나

바쁜 인생인데
이럴 때도 있구나
이처럼 조용할 때가 있구나

눈이 내린다
조용히
첫눈이 흩날린다

농주(農酒)

뜰 안 나뭇가지마다
춘분 향기가 퍼진다

갈고 닦은 괭이
허공을 휘두르는 몸짓이
아지랑이를 가르며
달구지 소리에 목이 마른다

허리를 펴고 마신
아내가 건넨 한 잔에
삽질의 고통이 달아나며
온 세상이 내 것이다

포장집

자정의 종소리에
나사가 풀려
가로등 불빛을
기죽이는 포장집

이슬에 눌리어
혀를 구부리고
가슴을 틔워
천하를 거머잡은
술잔

하나, 둘
빈 잔이 별빛과 입 맞춰
토해낸 진실을
송두리째 마시는
꽁치의 눈

첫눈이 내린다

술 생각이 날 때가 있다
혼술이면 어떠랴

때마침 조용한
첫눈이 내린다
느릿느릿 눈의
속도에 맞춰
천천히 마셔야 될 것 같다

하늘에서 내리는 눈
거의 땅으로 내려왔는데
서둘 턱이 있나

바쁜 인생인데
이럴 때도 있구나
이처럼 조용할 때가 있구나

눈이 내린다
조용히
첫눈이 내린다

대나무

하늘 향해 쭉 솟는
죽순의 힘을 보아라
움직이고 흔들리고
마디 매듭 절개를 다지며
곧은 모양을 짓는
대나무를 보아라

대나무는
밤에 자란다
별빛 달빛 마시며
눈치 채지 않게 자란다
대나무 뿌리는 땅속에서도
마디를 이루는
칠흑 같은 바위다

눈비와 벼락이 내리쳐도
서 있을 수밖에
번듯하게 한 번 눕지 못한
가혹한 형벌이다
질기고 질긴 형벌이다
대나무는 한편의 詩다

버팀목

우리 서로 지쳐 있을 때
마음 든든한 사람이 되고
때로 힘겨운 인생이
버티지 못할 무게로
속마음마저 막막할 때
서로 위안이 되는
그런 사람이 되었으면
좋겠습니다

누구나 사랑에는
조건이 따른다지만
우리의 바램은 지극히
작은 것이게 하고 더 주고
덜 받음에 섭섭해 말며
문득 스치고 지나는
먼 화상 속에서도
우리 서로 기억마다
반가운 사람이 되었으면
좋겠습니다

어쩌면 고단한
먼 인생길을 가다

어느 날 불현 듯 지쳐
쓰러질 것만 같은 시기에
마음 기댈 수 있는 사람이 되고
견디기엔 한 슬픔이 너무 클 때
언제고 부르면 달려올 수 있는
자리가 되면 좋겠습니다

오랜 약속으로 머물길 기다리며
더 없이 간절한 그리움으로
눈이 시리도록 바라보고 싶은 사람
우리 서로 끝없이 기쁜
버팀목이 되었으면 좋겠습니다

할아버지

눈 감으면 코 베어가고
손만 내미는 세상
부끄러움도 모르고
염치도 없는
낯 뜨거운 사람만
있는 줄 알았는데

적어서 창피하다고
마냥 쑥스러워 하시는
할아버지가 있습니다

보통 사람들에게
오천만원은 큰돈입니다
토끼를 부지런히 키워
평생을 모은 돈을 몽땅 기부한
할아버지가 있습니다

피붙이 하나 없이
살아온 시간이 야속했지만
가지고 갈 것도 아닌데
참 잘 하셨습니다

홀가분한 것도
더할 수 없는 행복입니다

이별 연습

먼 훗날
떠나야지
혼자 떠나야지

산과 물 풀과 나무
흠집 내지 말고
그대로 놓고 떠나야지

봄 여름 가을
꽃은 아름답다

겨울의 적막도 눈꽃도
매혹적이다

질풍 같은 시간
요새 와서 실감 난다

사는 동안
정말 고맙다고
인사하고 살아야지

먼 훗날 떠날 때
가볍게 떠나야지

땅을 바라보며
감사하며 떠나야지

이별 연습이다
그래도 눈물이 난다
눈물이 흐른다

숲속에서

가시덩굴을 헤치고
울퉁불퉁한 바위 사이를
숲속에서 해방된 것처럼
걸어나온다

일상을 뒤로하고
말을 갈아 다듬고
꿰미에 주렁주렁
물고기를 매단 것처럼
단어를 엮어 꾸민
시를 쓰는 일보다
기쁜 일도 드물다

아내에게 건네는
퉁명스럽던 말투가
오늘 부드러운 것도
흔들리지 않는
시詩가 있기 때문이다

고향

　올해는 정체불명의 괴물인 코로나로 인하여 쓸쓸한 설 명절을 보냈다. 단출하게 가족끼리 떡국을 먹었지만 허전한 마음을 감출 길이 없다. 그리던 친지들의 얼굴을 볼 수 없고, 이웃 어른들에게 올리는 세배, 마을 사람과 어울려 한바탕 웃음으로 벌리던 윷놀이 등 설 명절 세시풍속을 볼 수 없어서인지 더욱 쓸쓸했다.
　타향살이 40여 년을 보내고 고향을 찾은 지 어느새 여섯 해가 흘렀다. 그동안 흙에 묻혀 어릴 적 추억을 더듬으며 풀을 뽑고 씨를 뿌리고 거두는 일을 기쁨으로 살아왔다. 동이 틀 무렵 일어나 쌍계사를 품은 불명산을 바라보며 하루를 시작한다. 눈앞에 펼쳐지는 쌍 산봉우리의 정기를 마시며, 인터넷에 흘러나오는 구령 소리에 따라 움직이는 국민체조는 건강의 유일한 지킴이다. 객지에서 고향을 그리며 꿈꾸던 건강한 귀촌 생활의 실천은 「사람은 늦 팔자가 좋아야 행복한 삶이다」는 어른들의 말씀에 걸맞는 흐뭇한 생활이다.

올해 들어서 한동안 한파가 이어지더니 오늘은 영상의 기온이다. 화창한 봄날이다. 강남 갔던 제비 소식이 머지않아 들려올 것 같다. 텃밭에 심은 마늘이 쑤욱 올라오고 공터에 뿌리를 내린 냉이가 겨우내 흙 속에 숨겼던 향기를 토해낸다.

 오랜만에 논·밭 길을 따라 쌍계사 계곡에서 시작되는 장성 냇가를 거닐며 올해의 봄철 농사일을 머릿속에 그려보았다. 이미 과일나무의 전지는 끝낸 터라 내일부터 과일나무에 거름을 주는 일부터 시작한다. 뒤를 이어 마늘밭에 비료 주기, 씨감자 심기, 상추를 비롯한 각종 야채 심기, 참깨 심기 등을 「씨를 정성껏 뿌려야 풍성하게 추수할 수 있다」 신념으로 농사일을 설계해 본다.

 며칠 전 서울에 사는 죽마고우로부터 오랜만에 전화를 받았다. 코로나로 인해 지난해는 벌초도 못 갔고, 추석 명절과 설 명절에도 고향을 다녀오지 못했다는 안부전화를 하면서 초등학교 3학년 시절 친구와 일으켰던 정월 대보름 사건을 회상시켰다. 그 당시 정월 대보름 날이면 여러 가지 놀이가 있었다. 정월 대보름날에는 오곡밥 먹기, 더위 팔기, 밥 얻어먹기, 마을 사람들이 편을 갈라 풍년을 기원하는 윷놀이를 하였다. 특히 보름 전날 낮에는 논·밭두렁 태우기, 밤에는 아이들은 쥐불놀이를 하고 어른들은 마을 사람들끼리 횃불 싸움을 하였다.

대보름 전날 친구와 나는 깡통을 주어다가 송곳으로 구멍을 낸 후 끈을 매달아 쥐불놀이 깡통을 만들었다. 해가 질 무렵에 마을 어귀에 나가 깡통에 관솔을 채우고 불을 붙인 후 하늘을 향해 힘차게 휘돌렸다. 한참 동안 휘돌리다 깡통에 매달린 끈을 놓으면 쥐불 깡통은 하늘 높이 올라간 후 떨어진다. 누구의 깡통이 높이 올라가느냐에 따라 승부가 가려진다. 친구와 시합을 하던 중 친구의 실수로 깡통이 마을 덕실이 할아버지 허청 지붕 위에 떨어졌고, 마침 바람이 세차게 불어 허청이 훨훨 타고 있었다. 친구와 나는 무서워서 깡통을 내던지고 산발치에 있는 행여집에 숨어 오들오들 떨며 밤을 지새웠다. 이튿날 우리는 부모님께 발각되어 덕실이 할아버지께 용서를 빌러 가면서. 종아리를 맞을 각오를 하였으나 덕실이 할아버지는 허허 웃으시며 조심하라는 말씀으로 타이르셨다.

 정월 대보름이 다가온다. 사건이 벌어진 지 60년이 지나 어느새 나는 덕실이 할아버지 나이가 되었다. 아이들을 사랑하며 용서하는 덕실이 할아버지를 거울 삼아 고향의 후배들에게 무엇을 어떻게 베풀며 살아가야 할지 농사를 지으며 곰곰이 생각하고 실천하고 싶다.

 사람은 누구나 수구초심으로 살아간다. 고향을 생각하면 엄마의 목소리가 들리고 사랑을 듬뿍 넣어 끓여주신 구수한 투가리 된장국이 그리워진다.

별명의 씨

　우리 선생님들은 어느 직업의 사람들보다 말을 많이 하게 된다. 학교교육활동에서 이뤄지는 대부분의 소통 수단이 말이기 때문이다. 그러기에 수업 시간이나 생활지도 시 한 마디 한 마디의 말에 신중을 기해야 한다. 말 한 마디가 천 냥 빚을 갚는가 하면 말이 씨가 된다고도 한다. 이는 일상생활에서 말의 파장과 위력을 단적으로 표현한 것이다. 말 한 마디가 희망과 꿈을 줘 위대한 사람을 만드는가 하면, 크나큰 화를 초래해 인생을 망치게 하기도 한다. 특히 학교 현장에서 선생님의 말은 학생들에게 희망과 꿈을 키우는데 결정적인 영향을 주기도 하고, 때로 잘못 던진 한 마디가 돌이킬 수 없는 상처가 돼 꿈을 좌절시키기도 한다. 오랜 교직생활의 기억을 떠올릴 때마다, 이렇듯 중요한 말의 의미를 되새겨보게 하는 '별명의 씨'가 된 제자가 있다. 학창시절 많은 학생들이 별명을 얻기도 하고 부르기도 한다. 별명은 대부분 학생들의 행동이나 습관, 그리고 용모 등의 특징을 연상시키게 된다. 학창시절 한 번 붙여진 별명은 졸업 후 어른이 돼서도 동창들 사이에 가슴 찡한 추억과 함께 불려진다. 그런데 말이 씨가 되듯이 별명이 씨가 되기도 한다. 시골 학교에 근무할 때의 일이다. 학생들 사이에 '똥장군'이란 별명을 가진 학생이 있었다. '똥장군'은 평소 닥치는 대로 아무거나 잘 먹어서 붙여진 별명이다. 그는 동년배 학생들에 비해 몸집이 크고 얼굴에는 기름기가 항상 흘렀다. 또 용모가 불결하고 행동이 거칠어서 이름 대신 '똥장군'으로 불려졌고 그 별명으로 인해 친구들과 다툼이나 싸움도 잦았다. 담임이었던 필자는 '똥장군'을 어떤 방법으로 바르게 지도할까 고민하다가 궁리 끝에 별명을 고쳐 주기로 했다. 학생들에게 별명의 당사자가 불쾌감을 느끼는 별명을 부르지 말고 누가 들어도 듣기 좋고 희망을 주는 별명을 부르자고 제안하며 '똥장군'도 김 군의 성을 따서 '김장군'으로 부르도록 지도했다.

그 후 학습 지도나 생활지도 시 의도적으로 '김장군'을 불러주며 많은 관심을 쏟았다. 특히 여러 학생들 앞에서 이름 대신 '김장군'이라 불러주며 기를 살려 줬다. 한동안 학생들은 의아하게 여기더니 얼마 후 학생들도 '똥장군' 대신 '김장군'으로 자연스럽게 부르기 시작했다. 학생들이 '김장군'이라 부르는 횟수가 많아질수록 '김장군'은 행동이 부드러워지고 친구들과도 잘 어울리며 용모도 바른 모범생으로 변해 갔다. 어느 가을 소풍

날 책상 위에 북어 한 마리가 놓여 있었다. 그 북어는 '김장군'이 이틀 후 할아버지 제삿날 쓸 제물이었고, 어른들도 모르게 가져다 놓았다는 사실을 훗날 '김장군'의 할머니를 통해서 알았다. 그 후 십 수 년이 흐른 5월 어느 날, 수업을 마치고 교무실에 들어서는 순간 장교 한 사람이 다가와 "선생님, 김장군입니다" 하며 우렁찬 목소리로 거수경례를 하는 것이었다. 반갑고 대견스러웠다. 바로 별명이 씨가 돼 의젓한 모습으로 자라서 찾아온 것이다. 교육철학자 마르틴 부버는 "모든 참된 삶은 만남이며, 교사와 학생은 동등한 인격자로서 서로 만남이 이뤄졌을 때 참다운 교육 작용이 일어난다"고 했다. 진실된 만남은 말을 통해 이뤄진다. 선생님은 평생을 학생들과 말을 통한 인격적인 만남 속에 가르치고 깨우친다. 선생님이 던진 말 한 마디가 학생들에게 꿈을 심고 가꾸는데 중요한 영양분이 돼야겠다. 학창시절 선생님과 친구들이 함께 불러줬던 학생들의 별명이 그들의 장래에 원대한 포부를 성취하는 올곧은 이정표처럼 든든한 배경이 돼 줘야 하겠다. 오늘도 '김장군'은 별을 단 장군이 되기 위해 열심히 노력할 것이라 믿으며, 반드시 그렇게 되도록 소망한다. "김장군, 자네가 무척 보고 싶군."

우리 아이들의 행복 찾기

OECD 회원국 중 우리나라 어린이와 청소년의 행복지수가 4년 연속 최하위에 머무르고 있다. 언론에서는 연일 우리 아이들의 자살에 대한 기사를 내고 있다. 통계청 자료를 보면 지난 2010년 10~19세 청소년 자살자는 353명으로 하루 평균 1명씩 자살하고 있으며, 2009년부터 10대 사망 원인 1위가 자살이었다. 올해 들어서도 벌써 여러 지역에서 우리 아이들이 자살하고 있다. '우리 아이들의 행복 찾기'는 좀처럼 가까이에 있지 않은 듯하다. 우리나라는 지난 반세기 동안 압축 경제성장의 근대화를 통해 수천 년 전통의 '고요와 평온의 나라'에서 '역동의 나라'가 돼 전 세계인의 부러움과 질시의 대상이 되고 있다. 그럼에도 우리나라는 예의와 질서의 실종, 이혼율 증가와 가족제도의 붕괴, 개인주의, 물질주의와 성취위주의 가치관, 정신력 약화, 생명경시 풍조, 정신질환 급증 등의 사회문제에 직면하고 있다. 이처럼 급격한 사회변화에 따른 부정적 측면은

우리나라의 높은 자살률과 낮은 행복지수의 토양이 되고 있다. 이제 우리는 우리 삶의 목적과 의미, 삶의 질에 눈을 돌려야 한다. 물질적 가치만 추구하지 않고 생명의 소중함과 내면의 정신적 가치의 중요함을 재인식함으로 진정한 인간성과 생명의 존엄성을 회복해야 할 때가 왔다. 그럼 왜 우리 아이들은 자살을 선택할까? 청소년의 자살은 사춘기부터 증가해 청소년기에 절정을 이룬다. 치명적인 자살률은 성인기로 갈수록 증가하나, 자살 시도율이 가장 높은 시기는 청소년기이다. 왕따나 학교폭력 등에 노출된 청소년은 폭력, 협박, 따돌림, 갈취 등으로 인해 두려움이나 열등의식에 사로잡혀 있어 자살에 매우 취약하다. 심리적 내성이 약한 청소년 역시 입시 실패나 성적 하락으로 중압감을 크게 느껴 자살에 취약하다. 우울증이 있는 청소년은 감정을 밖으로 표출하지 못하고 쉽게 자극받는 과민상태를 보여 절망감, 흥미와 즐거움 상실, 기분의 급속 순환, 제한적 대인관계, 사회성 결여 등의 행동 특성을 보인다. 돌아갈 곳이 없는 가출 청소년, 알코올이나 약물을 남용하는 청소년도 우울증이나 외로움, 적개심이나 분노를 외적으로 표출한다.

    자살 시도 경험 혹은 자살과 관련된 가족사를 갖고 있는 청소년도 자살 환경이나 가족 정서가 전달되는 관계로 자살을 문제해결의 유효한 선택으로 고려하는 경향이 있다. 이제 교육 현장은 자살의 유형에 따른 자살 원인을 파악하고 제거하는 예방교육으로 '우리 아이들의 행복 찾기'를 실현해야만 한다.

첫째, 청소년 자신의 예방대책이 무엇보다 중요하다. 어떤 고통과 역경에도 생명을 침해하는 것을 도피와 문제해결의 수단으로 삼아서는 안되며, 혼자 힘으로 극복하기 어려울 때는 가족, 친구, 종교 지도자에게 도움을 구하고 필요하면 전문가로부터 상담과 치료받는 것을 주저해서는 안된다. 또 자신감과 긍정적 사고, 원만한 대인관계를 통한 인간적 유대와 지지의 확보, 좌절과 실패에 대한 인내력, 분노조절능력, 스트레스 관리, 문제해결능력 등 정신건강과 자아 강건성, 탄력성 증진을 위한 자구적 노력을 하도록 이끌어 줘야 한다. 둘째, 가정에서의 예방이다. 건강한 가정은 자녀의 안식처이며 정서적 지지의 원천이다. 자녀가 모델링할 수 있는 부모의 모범적인 생활과 평소 가족과 시간을 많이 보내고 두터운 유대관계를 형성해 충분한 정서적 지지를 주는 것이 필요하다. 우리나라의 경우 지나친 경쟁풍토 때문일 수도 있지만, 자살 위기에 처한 개인에게 가족이 정신적인 버팀목이 되지 못하는 게 더 큰 원인이라고 생각한다. 셋째, 학교에서의 예방이다. 생명의 존엄성과 자살에 대한 올바른 인식, 예방교육은 학교에서부터 시행돼야 하며, 사회성 기술 또래돕기, 이웃사랑과 배려 증진 등 인성교육을 동시에 제공할 수 있어야 한다. 전문기관을 통한 교사교육과 성적에 대한 중압감을 낮추고 즐거운 학교생활을 할 수 있는 풍토 조성, 청소년들의 고민을 해결해 줄 수 있는 상담프로그램의 강화, 인성교육 강화 및 건전 여가문화 프로그램 제공, 또래청소년 상담가의 양성과 교육, 멘토링 프로그램의 도입 등을 들 수 있다. 자살은 관계의 부재에서 발생하며 자살 예방의 궁극적 처방은 어느 누군가와의 의미 있는 관계 형성에 있다. 부모, 형제, 자매, 친구, 교사, 성직자 등 어느 한 사람만이라도 청소년과 지지적 관계가 될 때 청소년 자살을 예방할 수 있다. 오월 청소년의 달을 맞아 지역사회 전체가 청소년들의 삶의 질 향상에 노력하는 공동체 의식 창출로 우리 아이들의 행복을 찾아주자.

姜應貞 夫婦의 효행과 兩性平等의 實踐

강 흥 식
(논산·계룡시 종회장)

1. 姜孝子 夫婦의 효행

姜應貞은 晉州人 博士公 9世孫인 소감(少監) 회순(淮順)의 손자이시며 조선 초기 유학에 정통하고 언행이 바른 선비(儒賢)이시다. 그는 부모에 대한 효가 지극하여 1470년(성종1년) 효행으로 관직에 천거되었으나 사양하고 1483년 생원시에 합격한 뒤 고향에서 김용석, 신종호, 박연 등과 향약을 만들고 소학을 강론하였다. 그의 효행은 1470년 2월 7일 충청도 관찰사 김양경(金良璥)이 성종임금에게 '충청도 은진 사람 강응정은 첨지중추부사(僉知中樞副司) 강의(姜毅)의 아들인데 어미가 오랫동안 병을 앓으니, 강응정이 두어 달 동안이나 옷에 띠를 풀지 않고 밤이 새도록 자지 않았습니다.' 또 아비가 병이 위급해지니 강응정은 분향하여 하늘에 빌면서 몸으로 대신하기를 구하였고, 똥을 가져다가 맛보아 병이 더하고 덜한 것을 점쳤고, 부모가 죽자 5년 동안이나 여묘(廬墓)살이 하며 술·과실·소금·채소를 먹지 않았습니다."고 馳啓(전하여 여쭘)하였다. 이에 성종임금은 강효자의 효성을 극찬하며 널리 오래도록 세인의 귀감을 삼고자 즉위 초에 친필로 쓴 효자 사액(賜額)을 내리고 정려를 건립하도록 하였으며 사액에는 '**孝子成均生員姜應貞之閭**'라고 쓰여 있고 사액 현판은 충남 논산시 가야곡면 산노리 소재 '효암서원'에 보존되어 있다.

2. 許與文記(상속재산 분배기)에 기록된 양성평등의 실천

강응정 효자의 재산 형성은 변변치 못했던 조부 및 부부의 재산과 나라에서 사패(賜牌-임금이 내린 재산)받은 많은 재산으로 형성되었으며 성종대왕이 어필로 강효자에게 "**葛麻山十里**와 **仁溪一曲**(가야곡면 산노리 뒷산에서 10리인 인내(양촌) 한 모퉁이까지)"를 내려주신 것으로 발견된 것으로 보아 그 당시 효자에 대한 국가적 厚待가 대단하였다.

許與(分財)**文記**에 전해진 재산의 주인은 조선 중종9년(1515)년에 간행된 『속삼강행실도(續三綱行實圖)』에 등재되어 있어 세상 사람들의 칭송받던 효자 강응정의 처 상산(商山) 金氏이다. 남편이 죽은 후 그가 3남 4녀 일곱 자녀들에게 자기가 지병이 있어 언제 죽을지 모르기 때문에 자기 몫 재산과 남편 유산을 그 시대의 습속을 따라 나누어 준 505년 전 문서로서 답 296마지기와

전21.5일경(日耕) 그리고 기와집(瓦家) 1채 노비(奴婢) 16명(口)를 나누어 준 것이다. 승중자(承重子: 조부나 부친을 대신하여 제사를 모시는 사람)인 3남 강연린(姜演麟)에게는 봉제사(奉祭祀)로 기와집 1채와 답 20마지기를 준 외에는 오늘날의 관념에 따르면 의아스러울 정도로 딸들이 아들보다 재산(답, 전, 노비)을 더 많이 받은 것과 문서 작성에 있어서도 남녀 구분 없이 출생 순으로 **長女**, 2녀, 3남, 4남, 5녀, 6남, 7녀가 차례로 기록된 것을 발견할 수 있어 선각자적인 **兩性平等**을 실천하였다.

태조 6년(1397년)에 제정 시행된 『경국대전(經國大典)』에 규정되어 있는 "적자녀(嫡子女)에게 부모 유산을 균등분배하며 승중자에게는 그밖에 봉제사로 5분의 1을 더줌(加給)"으로써 **承重子**와 중승자(衆子女: 나머지 자녀)의 1인당 상속분 비율이 6대 5가 되어야하는 것으로 생각되나 그것을 지키지 않았으며 6남과 7녀에게는 결혼을 시키지 못한 까닭에 염려되고 가엾다 하여 각각 노비 2명, 답 9마지기를 더 준다는 인정 어린 분재 모습을 보이고 있다. 특히 **許與文記** 말미에는 재산의 소유자, 분기의 증인, 문서 작성자가 서명되어 분재의 신빙성을 높이고 있다

| 작품해설 |

살아온 여정이 보이는 시적 서정의 형상화
−강홍식의 시집『머물고 싶었던 순간들』을 읽고

유 재 봉
(시인)

1. 머리에

사람은 고향에서 부모의 인연으로 이 땅에 태어나 자라고 배워가면서 급속한 시간의 레일 위에서 힘을 다하여 살아가고 꿈을 세우고 그를 달성하기 위하여 온갖 힘을 다 써서 이루면서 살다가 하던 일을 다 해가고 나와서 살다가 힘이 약해지고 외로움이 몰려들 때면 어려서부터 살아온 시간의 열차를 타고 거꾸로 거슬러 올라가면서 살아내려온 역을 거치면서 돌아보는 게 보통 사람의 일인 것 같다. 강홍식도 올해 고희가 되면서 그동안 써온 글들을 묶어 문집을 만들어 추억의 집 한 칸을 짓고자 하여 보내온 시 60여 수를 읽어본 결과 자전적 서정의 시로 보고 시간의 순서로 몇 그룹의 묶음으로 엮어 질 것 같아 본 글을 써 나갈 방향을 잡았음을 밝혀 둔다.

그래서 태어난 고향에서의 탯줄을 지키는 「느티나무」, 살아가며 피던 풋사랑 「덧니」, 순수 서정시의 시 「그대에게」, 애주의 풍미와 한잔 「백일주」, 사는데 풋대가 되고 살아보고 싶은 「대나무」의 다섯 구획으로 나누어 하나씩 간격을 좁혀 살펴보려고 한다.

2. 다섯 망원경으로 들여다보기

가. 탯줄을 지키는 「느티나무」

마을 어귀
지금은 눈부신
가을

탯줄을 지키는
느티나무 아래

낙엽처럼 그렇게라도
둥글고 싶다

낯선 사람 속에
생각나는 아버지 나이
오늘은 착한 아들이 되나보다

지금은 눈부신 가을

*느티나무: 1974년도 새마을 운동시 아버님이 우리 논둑에 있는 느티나무를 동내어귀에 심으신 48년생 성목

― 「느티나무」

위의 시를 읽어보면 고향을 상징적으로 보여주는 동네 입구에 서 있는 나무다, 고희까지 살아오면서 곱게 살아온 보람이 충만한 자기 평가가 느껴지는 한 구절같다. 또 느티나무가 마을의 모든 역정을 다 알고 뭉뚱그린 수호신 같이 정답고 둥글고 싶어 한 없이 고마운 것이다 부모가 그리운 아들이 어른들께 떳떳이 보여드리고 싶은 인생 첫머리의 서시 같은 시다.

  전략
열여섯에 가마 탄 후
호랑이 시부모 뜻 받들고
성깔진 남편 뒷바라지에
칠 남매 낳고 기르느라
마음은 굴뚝같아도
까막눈 틔우지 못한
아롱아롱 이슬 맺듯
서리서리 울 엄니 마음
  중략
엄니의 한 풀이에
맴도는 눈물

                  -「가갸거겨……」

저승을 향해
아버님이 걸으시던
오작교 무지개 길
  중략

대추알을 씹듯 일하라
　중략
　알밤을 까듯 살림을 하라.
　중략
　성못길 밭두렁에
　알밤 터지는 소리
　아버님이 걸어오신다.
　　　　　　　　　　　　－「성못길」

　위의 두 시를 보면 사랑은 그래도 어머니가 시작이라 그것을 만드시느라 애쓰신 어머니의 거룩한 희생중에도 국문을 깨치고 가슴앓이 미소짓던 어머니의 장한 모습이 자랑스런 아들, 성못길은 가정을 위해 온갖 애를 다 쓰시며 가르치신 꿀팁 말씀 '대추알을 씹듯 일하라'는 무슨 일을 하더라도 재미있게 하고 의욕을 갖고 적극적으로 하라는 말씀, '알밤을 까듯 살림을 하라'는 밤을 깔 때 밤 살점을 깎이지 않게 근검절약하게 하라는 지고지순한 말씀이 살면서 잊혀지지 않았을 것이다.

　전략
　어느 해 식목일
　내 이름을 홍식興植이라 지은
　연유를 알려주셨다
　나무를 심어 번성하게 키우듯
　가문을 일으키라는 과제를 주셨다
　중략

아버지는 배나무 백 주를 심었다
 중략
대학졸업장도 받은 배나무집
아들이 되었다
중략
아들 녀석이 날 닮기를 기대해 본다

뒤뜰에 심은 배나무에 꽃이 활짝 필 때면
아버지가 삽자루를 들고 호령하신다
　　　　　　　　－「배나무집 아들」

울안 감나무에
감이 다닥다닥 열렸다
 중략
소나기가 지나가며
천둥을 내리치고
태풍이 스쳐가도
떨어지는 감이 없다

손가락을 꼽아보니
감나무에 벼락 치던 해가
내가 태어난 해이다

투가리
탯줄을 끊고 나서
처음 들린
엄마의 목소리

문지르고 쓸고 닦아도
풍기는 투가리 된장 냄새

타향에 외로이 살면서
언뜻 언뜻 스치는
고향 하늘
　중략
죽어서 파묻히고
썩어서도 풍길
흙냄새

　　　　　　　　　　　　　－「벼락」

백 년 동안
　중략
눈물 어린 텃논

증조부님 불호령 소리
　중략
얽히고 찌든
텃논 닷 마지기

논배미에 퍼지는
쇠스랑 내리치는 소리
　중략
오늘도
　중략
댕기 딴 처녀의 펄럭대는
　중략

청춘이 녹는다
　　　-「고라실 논(畓)」

　위 시는 강흥식의 댁호가 배나무집 아들이 된 것은 백주의 배나무를 면에서 최초로 심으면서 되었고 「흥식」이란 이름이 된 연유는 나무를 심어 번성하게 키우듯 가문을 일으키라는 아버지의 소망이며 강흥식도 자기의 아들도 자기를 닮기를 기대한다고 하였고, 「벼락」이란 시는 벼락이 터지는 날에 태어나 벼락 맞고도 해거리를 모르는 감나무처럼 살아온 것 같다고 하고, 「텃논」은 백년 동안 내려온 것인데 증조부 아버지 호령소리가 들리는 듯한 데 오늘도 동네 청년들이 청춘을 녹인다며 회고하고 있다.

　전략
도리깨질을 한다
　중략
신나고 재미있다
　중략
새벽 눈 살며시 뜨면
어머니는 콩나물시루에
물을 주고 있다
　중략
아내가 쥔 콩나물 머리에서
까마득한 코흘리개 전설이

성큼 피어 오른다
　　　　　　　　　　－「콩나물」

 전략
주린 배는
나라 상감도 못 참는다고
염치 불구하고 무밭에 달려가
무를 발로 차 뽑는다
 중략
오늘은 소년시절 허기를
채워준 무밭을 찾았다
무는 안 보이고 보릿고개 전설이
가물가물 언덕에 피어오른다
　　　　　　　　　　　－「무」

초여름 햇살
가슴에 살포시 안고
허공을 찌르는 숨결
 중략
자태가 얌전한
부잣집 맏며느리
 중략
저녁 별빛 들이마시고
잉태를 꿈꾸는 어머니 가슴
　　　　　　　　　　－「호박꽃」

 전략
뜰 안의 텃밭을 동동거리는

농부의 발자국 소리다

오늘은 착한 농부가 되어
 중략
거름을 뿌리고 벌레를 잡아주는
새벽 전투를 하고 싶다.
　　　　　　　　　-「새벽 전투」

비가 오는 날이면
쓰싹쓰싹 낫을 간다
 중략
오늘은 쓱싹쓱싹 낫을 갈며
풀과 전쟁에서 필승할
드론 예초기를 고안해 본다

연구의 성공을 위해
온종일 소낙비가 내리기를
기대한다
　　　　　　　　　-「낫을 갈며」

애야
힘 빼고 어깨 돌려라
 중략
갓난 애기 돌려 눕히듯
살그머니 뒤집어라
 중략
퉁겨 떨어지는 들깨 알처럼
가을이 야무지게 익어간다
　　　　　　　　　-「타작」

도리깨질하는 것을 보면 신나고 재미있고 방구석에 놓은 콩나물도 새벽 잠 안 주무시고 기르시던 어머니의 기억이 코 흘리게 전설로 피어오르고, 「무」는 배고픈 시절 남의 무 밭에 들어가 뽑아먹던 보릿고개 전설이 가물거리고, 「호박꽃」은 동네 여기 저기 흔하게 피었던 호박꽃이 얌전한 부잣집 맏며느리 자태이고 잉태를 꿈꾸는 어머니의 가슴으로까지 돋아 보았다. 「새벽 전투」는 아침을 먹기 전 새벽에 벌리는 전투같이 한 바탕의 동동거리던 농사짓는 발자국 소리들이 요란하였는데 지금 자기도 하고 싶다고 그리워한다. 「낫을 갈며」는 농사는 풀과의 전쟁이므로 낫을 잘 갈아야 하므로 무기 정비하듯 잘 갈아야 한다고 하고, 「타작」은 타작을 할 때 도리깨는 힘 빼고 어깨 돌리고 병든 사내 힘으로 치라고 하고, 들깨 다발을 뒤집을 때는 갓난 애기 돌려 눕히듯 하며 수확이 가득하던 추억을 더듬는다.

　　물줄기가 잡히고 마을에는
　　실낱 같은 꿈이 비쳤다
　　 중략
　　종그라기 물을 마시는 날
　　물빛은 수정처럼 맑았다

　　집집마다 물독이 채워지고
　　후덕한 인심은 샘물처럼 솟아나
　　아낙네 아랫도리를 흥건히 적셨다

후략
　　　　　　　　　－「샘터에서」

감나무골 김영감님은
　중략
감 팔아서 공부시킨 첫째는
출세해서 떠나고
감나무를 싫어하던 둘째는
일이 무서워서 야반도주하고
힘쓰고 뱃심 좋은 셋째는
계집 꼬임에 떠나고
　후략
　　　　　　　　　－「감나무」

　우리 마을에 스무 살에 청상과부가 된 할머니가 있습니다. 시집간 지 사흘만에 남편을 보내고 사십 년간 '오-우케이'를 되내며 한숨으로 살았습니다.
　　중략
　신랑은 '오-우케이'를 입술에 피를 흘리며 눈을 감았습니다.
　　중략
　단지 낭군이 남긴 마지막 말이기에 세상에서 가장 귀한 말로 들릴 뿐입니다.
　　　　　　　　　－「OK」

　우리 마을 박씨는 언제나 새벽에 일어나 앞마당 화단에 달려가 중얼대며 인사를 합니다.

중략
　화단 꽃 속에 누운 아내를 바라보며 눈물 섞인 그리움을 중얼중얼 토로하고 있습니다.
　　　　　　　　　　　　　　－「亡妻꽃」

　고향 냇가에 을문이가 산답니다.
　　중략
　해 기울면 집에 돌아와 냉기 서린 방바닥에 배를 깔고 누워 아랫도리를 주물럭거리며 히덕히더덕 코웃음을 치며 산답니다. 그러다가 아랫도리 힘 빠지고 창새기가 썩어지면 아랫배에 알을 실고 돌무덤에 머리를 박은 채 극락을 꿈꿉니다.
　　　　　　　　　　　　　　－「을문이」

　전략
꽃들은
먼저 피려고
아귀다툼을 합니다
　중략
산과 들에 밀물처럼
봄이 밀려옵니다
　　　　　　　　　　　　　　－「경운기 소리」

마당이 텅 비었다
그래서 편안하다
　중략
대추나무는
　중략

밤낮을 경비한다
잎들은 하루의 안전을
지키며 포옹한다

석양 무렵 달맞이 꽃은
칠흑 같은 밤을 지킨다
　중략
대추나무와 다시 교대한다

교대 의식은 별것 없지만
빈 마당을 빈틈없이 지킨다
-「마당」

「샘터에서」는 물줄기가 잡혀 물이 나와 종그라기로 마시고 물독이 채워지던 감격어린 추억과, 「감나무」는 감나무로 아들 넷을 기르고 다스렸던 얘기, 「OK」는 남편이 6.25때 미군이 와서 뜻도 모르고 OK라고 잘못 말해 죽은 후에 아내도 뜻도 모르고 OK라고 말한다는 얘기와, 「亡妻꽃」은 꽃만 좋아하던 아내가 죽으면 화단에 묻는다고 했는데 말대로 아내가 죽은 후에 유골을 화단에 뿌리고 새벽마다 중얼거린다는 얘기와, 「을문이」는 홀홀단신으로 무절제하게 살던 을문이 얘기, 「마당」은 텅빈 마당이 편안한데 대추나무 달맞이꽃 들이 빈 마당을 잘 지킨다고 시골 마당의 풍경을 그림처럼 묘사했다

전략
아버지와 엄니를 불쌍하다고
생각해본 적이 없습니다
 중략
감사하다고
생각해본 적이 없습니다
 중략
힘든 부모님을 위해
진심으로 눈물을
흘려본 적이 없고
 중략
뒷방에 누워 아파하시던 엄니셨는데
부모님을 위해 걱정 한번
제대로 해본 적이 없습니다
 중략
한번도 용서를 구하지 않았습니다

죄송합니다
이제야 알게 되어
죄송합니다
아직도 너무도 많은 것을
알지 못해 정말 죄송합니다.
　　　　　　　　　－「아버지·엄니」

 전략
고향 땅 밟으면
가슴 아려라
 중략

누렁이 송아지
동구에서 어미 찾고
땡볕에 찌든 얼굴
방아짝 지고 반기는 곳
 중략
가슴앓이도 모르는 흙빛 얼굴들

하고 싶은 사연 산더미 같아도
냉가슴만 앓는 가족들 눈빛
　　　　　　　　　－「시골집」

그동안 걷고 뛰던
아스팔트를 탈출하여
흙냄새 풀풀 나는
둥지를 틀었다.
 중략
너른 뜰에 빨간 석류가
탐스럽게 달린 집을
동경하던 어린 시절의
소망이 살아났다
 중략
석류나무를 심었다
 중략
소망을 이루었다.
 후략
　　　　　　　　　－「탈출」

「아버지·엄니」는 고희가 된 이제 생각해보니 전부

를 주신 아버지와 엄니를 불쌍하다고 생각해본 적이 없고, 감사하다고 생각해본 일이 없고, 부모를 위해 진심으로 눈물을 흘려 본 것이 없고, 걱정 한번 제대로 해본 적이 없고. 저지를 잘못을 용서 한번 구하지 않았고 이제 늦게 알게 되어 정말 죄송하다고 참회한다.

「시골집」은 고향 땅에 가보면 가슴 아프다고 땡볕에 찌든 형님 벙어리 가슴 앓는 식구들을 보면 가슴 아프다고 하였다.

드디어 어느 날 대전에서 양촌에 새 둥지를 잡고 이사하여 넓은 마당에 서고 거기에 석류나무 심고 소망을 이루었다는 작자는 성공적인 인생의 황금보다 더 귀한 열매를 거둔 보람으로 어깨가 으쓱함이 보이는 시다.

나. 살아가며 피던 풋사랑「덧니」

　전략
소년은 눈에
널려진 감은 보이지 않고
단발머리 소녀만
기다릴 뿐이다
　중략
소녀의 웃는 모습에
하얀 덧니가 햇살에 빛날 때
소년의 가슴은 두근댄다
　중략
교실에서 마주친 웃음 소리는

소녀의 덧니가 은빛으로 빛나며
 중략
풋사랑을 더듬어본다
　　　　　　　　　　　　－「덧니」

하늘바라기 색시가
신랑하고 근친을 왔다
중략
산골 처녀들이 모여앉아
첫날 밤 얘기를 졸라댔다
 중략
눈도 못 뜨겠더라

산골 처녀들은
가쁜 숨을 감추며 군침만
삼키고 있었다
　　　　　　　　　　　　－「풋대추」

뜬금없이
전화가 왔다
중략
심심한 사람
할 일 없는 사람

나이 먹으면
그냥, 그냥으로 통한다.
　　　　　　　　　　　　－「그냥」

고희의 나이
주름살이 골진
친구들이 모였다
 중략
왠지 서먹하고
그전만 못한 분위기다
 중략
제 말만 앞세운다
 중략
통하지 않으니
짜증스럽기만 하다
 중략
그래도 고희의 나이에 만난
동창생이 반가웠다.
-「불통」

 전략
뱀골 사는 김서방은
계산도 모르고 살았다
 중략
땅에 흘린 땀만큼
흙은 옥토로 변하고
 중략
하늘의 뜻에 따라
흙빛 얼굴로 살아간다
-「흙빛 얼굴」

「덧니」는 초등학교 때 덧니가 난 단발머리 소녀에게 가슴을 두근거리며 정신 못 차리게 좋아하던 추억이 감나무 아래에서 더듬고, 「풋대추」는 근친 온 새색시에 둘러싸고 산골 처녀들이 첫날 밤에 눈도 못 뜨고 사랑을 뜨겁게 했다니까 숨을 감추며 군침만 삼키고 있었다는 얘기, 「그냥」은 초등학교 친구들과 모여 전화하면 용건도 없이 그냥 전화한다고 하며 그 말로 다 통한다는 얘기와, 「불통」은 고희를 지나며 친구들과 모이면 동심이 피기도 하지만 서먹하고 남의 말은 안 듣고 제 말만 하고 알아듣지도 못하고 통하지 않아 짜증스럽기만 하고 통하지 않지만 만나면 반갑다는 것, 「흙빛 얼굴」은 시골의 전형적인 김서방은 땀흘린 만큼 옥토로 만들고 하늘의 뜻에 따라 흙빛 얼굴로 살아간다고 하니 농심의 대표적인 얼굴이 흙빛 얼굴이라는 것이다.

다. 순수 서정의 시 「그대에게」

그대는
탑정호에 물든
황금노을이기 보다는
구름사이에 뜬
별이었음 좋겠어

그대는
버드나무 실가지 사이를

오르는 보름달이기 보다는
동짓달 빈 논길을 쓰다듬는
달빛이었음 좋겠어
 중략
물오리 떼 쉬어가는
저녁 강물이었음 좋겠어
                    -「그대에게」

 전략
새싹들은 먼저 피려고
키재기를 컨다
 중략
산과 들에 밀물처럼
봄기운이 밀려온다
                    -「봄비」

한 점 바람도 멎은
감나무 삭정이 위에

한 줄기 찌린 울림
감잎에 앉은 불볕

매미는
팔월 한낮을
쩌렁쩌렁
익히고 있다.
                    -「매미」

감나무 골 앞산 언저리
감이 다닥다닥 걸려
햇볕에 고개를 숙입니다
밭두렁을 돌면서
휘이휘이 까치 떼를 쫓습니다

이 넉넉한 가을에
쪼면 얼마나 축내겠습니까?

가을은 덧칠 없는 모습이 좋습니다
초가지붕 위에 제풀에 말린
빨간 고추처럼 말입니다

감골 뒷산 개울자락
호두나무 가지에
다람쥐 한 마리 웅크리고 앉아
사방을 두리번댑니다

호두알을 훔치다
내 눈과 마주칩니다

무서워하거나 머뭇거리는
낌새가 없습니다

오히려
두려움에 떠는 것은
바로 내 가슴입니다.

　　　　　　　　　－「가을 소묘」

오랜만에 함박눈이 내린다
제방 둑을 따라 쌓인 하얀 오솔길이
다 끝나지 않은 언덕 위에
빈집 한 채 넘어질 듯 비스듬히 서 있다

울타리도 사립문도 없는 텅 빈집이다
대나무 설경에 둘러 싸여
오히려 멋진 저택이다

산비둘기가 대숲 사이를 오가며
흩날리는 눈가루가 비둘기 깃털과 어울린다
쓸쓸한 빈 집 한 채
밤새 꿈속에서 헤매던 별장이다.
         ―「빈집」

탑정호에
봄비가 내린다
 중략
산모퉁이 카페
진한 커피 향기가 마시며
둥지 떠난 철새를 기다린다

봄비에 취한 벚꽃
기지개를 치더니
살진 붕어가 파닥이며
떨어지는 꽃잎과 눈을 맞춘다

겨울 내내 그리던 벚꽃을
빙판 아래 배회하여 자맥질하던

붕어의 눈빛

　　　　　　　　　　　－「붕어」

 전략
조석으로
긴긴 추억을 되씹으며
가냘픈 몸놀림이다가
쪼그라진 절망이다가

허나
가냘픈 가슴에
하나의 노란 절망이
웅크리고 앉아
빗물에 젖어야할 아침
실연**失戀**처럼 아리다

　　　　　　　　　　　－「백합」

샛둑에 나란히 선
흐드러진 노란 치마
 중략
마주치는 눈길
 중략
애간장 녹아드는
오가는 속삭임

　　　　　　　　　　　－「개나리」

뒤뜰 대나무 숲에
산까치가 기대어

무료를 달래고 있다
 중략
입을 꼭 다문 한 마리가
나를 지켜보고 있었다
 중략
산까치 한 마리
나를 놓치지 않고 앉아있다
　　　　　　　　　　ㅡ「산까치」

봄비가 내린다
탑정호의 잔잔한 파문에
가슴이 출렁인다

산모롱이 까페에서
커피 향기에 취해
둥지 떠난 철새를 기다린다

벚꽃이 흐드러진
가지 사이로
날아드는 물오리떼
파닥이는 붕어의 발길질에
싸락눈이 빙판에 붐빈다
　　　　　　　　　　ㅡ「탑정호」

 전략
콩을 펼쳐놓은 마당 앉아
다투어 콩을 쪼며
간밤의 일들을 속삭인다

누군가 엿들을까
새가슴으로 힐끗힐끗
눈치를 본다
 중략
집에 두고 온 새끼가
걱정이 된 모양이다

　　　　　　　　　　　－「산비둘기」

 전략
골짜기 흐르는 물
가뭇없이 골골이
깔딱거리는 숨소리가
발악의 극치를 이루는
식장산 골 웅덩이다

골 바닥 자갈 아래
신음하는 해맑은 소리
 중략
바위 벼랑 끝에서
용을 쓰며 버티고
누운 소나무를 보며
참는 연습을 한다

버티는 자세는 우직함
견디는 시간은 어리석음
 중략
어둠속에 뿜는 물소리는
더욱 청결하다

나뭇잎 사이로
쏟아지는 별빛은
골짜기로 모여
살아 숨 쉬는
별 웅덩이가 된다

― 「계곡에서」

물아일체 자연동화의 화로
「그대에게」란 시의 대상은 시적 회화적 표현이라고 할 수 있다. 구름 사이로 뜬 별, 논길을 쓰다듬는 달빛, 물오리떼 쉬어가는 저녁 강물이었음 좋겠다는 등 시가 그리는 가장 아름다운 정황과 묵시적으로 연상되는 진실과 사실의 표현이라고 할 수 있고, 「봄비」는 새싹들이 먼저 피려고 하는 다툼을 보고 산과 들에 밀물처럼 봄기운이 밀려온다고 하는 자연의 생동감, 「매미」는 감나무에 앉은 불볕, 한낮을 찌렁찌렁 익히고 있다고 아주 사실적이고 감각적인 시적 표현의 극치를 보인다, 가을 소묘는 햇볕에 고개 숙이는 감, 가을은 덧칠이 없어 초가지붕에 제풀에 말린 빨간 고추 호두나무에 앉아 있는 다람쥐가 두리번거리다 내 눈과 마주쳐도 머뭇거리지 않고 오히려 떠는 것은 두려움에 바로 자기 가슴이라 하고 한 시인은 자연일체 물아일체의 최고의 서정시이다. 「빈집」은 넘어질 듯 아무도 살지 않아 비스듬히 서 있지만 산비둘기가 밤새 눈가루와 어울려 노는 꿈속을 헤매던 별장이라고 높은 서정의 집으로 표현한 것이고, 「붕어」는 커피를 마시며 철새를 기다리는 작자 봄비에 취한 벚꽃 떨어지는 꽃잎과 눈을 맞추어 자맥질 하는 붕어를 볼 수 있는 눈을 가졌다. 백합은 아린 땅속에서 아프게 피어났지만 절망이 웅크리고 앉아 빗물에 젖는 실연처럼 안타깝고 아리게 느끼는 시인의 애잔이 느끼는 눈이 보인다. 「개나리」는 흐드러진 노란 치마입은 처녀가 간드러진 과부처럼 노총각과 눈길이 오가는 속삭임을 느끼는 본다. 「산까치」는 대나무에 앉아 무료를 달래는 산까치가 작자를 바라 보고 있는데 더 볼 수 없을 때까지 나를 놓치지 않고 바라보고 있다고 했는데 자연속 생물과 내적 소통으로 느끼는 감동을 보이는 좋은 표현이다.

「탑정호」는 봄비가 내리는 호수의 물결에 가슴이 출렁거리고 카페에서 커피를 마시며 철새를 기다리는 데 벚꽃 가지 사이로 기다리던 물오리떼 와 파닥이는 붕어의 발길질에 싸락눈이 빙판에 붐빈다는 사물간의 융합과 친근한 물아일체의 그림을 보듯 공감감적 시적 정황이 뛰어난 표현이다. 「계곡에서」는 더위에 계곡을 가면 흐르는 물소리가 발악의 극치를 이루고 몸을 담고 계곡을 보면 누운 소나무 참는 모습과 참사랑이 물 밑을 흐르고 청결하며 쏟아지는 별빛이 골짜기로 모여 별 웅덩이가 되어 보인다는 데 아주 풍만한 시적 정서가 흐르는 시다.

라. 애주의 풍미와 한잔 「백일주」

 전략
고희를 맞아
백수 건강을 위해
백일주를 담갔다

찹쌀 반 가마에
누룩과 열여섯 가지 약초를 넣고
백만 원의 돈과 정성을 쏟았다
 중략
백 명에게 한 잔씩 돌리며
백세까지 사시길 빌었다

백 잔의 술이 돌려진 날
백 일만에 함박눈이 내려
백 사람의 얼굴이 눈 위에
또렷이 박히고 웃음꽃이
활짝 피어났다
  　　　　　　　　　　－「백일주(百日酒)」

술 생각이 날 때가 있다
혼술이면 어떠랴
 중략
느릿느릿 눈의 속도에 맞춰
천천히 마신다
그래야 될 것 같다

하늘에서 내리는 눈
거의 땅으로 내려왔는데
서둘 턱이 있나
 중략
눈이 내린다
조용히 첫눈이 흩날린다

　　　　　　　　　　　－「첫눈」

뜰 안 나뭇가지마다
춘분 향기가 퍼진다

갈고 닦은 괭이
허공을 휘두르는 몸짓이
아지랑이를 가르며
달구지 소리에 목이 마른다

허리를 펴고 마신
아내가 건넨 한 잔에
삽질의 고통이 달아나며
온 세상이 내 것이다

　　　　　　　　　　－「농주(農酒)」

자정의 종소리에
 중략
가슴을 틔워
천하를 거머잡은
술잔

하나, 둘
빈 잔이 별빛과 입 맞춰
토해낸 진실을
송두리째 마시는
꽁치의 눈
　　　　　　　　　　－「포장집」

술 생각이 날 때가 있다
혼술이면 어떠랴

때마침 조용한
첫눈이 내린다
느릿느릿 눈의
속도에 맞춰
천천히 마셔야 될 것 같다

하늘에서 내리는 눈
거의 땅까지 내려왔는데
서둘 턱이 있나

바쁜 인생인데
이럴 때도 있구나
이처럼 조용할 때가 있구나
　후략
　　　　　　　　　　－「첫눈이 내린다」

「백일주」는 고희를 맞아 백수 건강을 위해 술을 담

가 백 명에게 한 잔씩 돌리며 백세까지 살기를 빌어 술이 다 돌려진 날 함박눈이 내려 그들 웃음꽃이 눈 위에 또렷이 박히고 웃음꽃이 활짝 피었다고 하는데 강홍식은 참으로 남에게 주는 것을 좋아하는 사람이다. 줘도 아끼지 않고 달라는 대로 만족할 때까지 주는 데, 주는 자에게 복이 있다는 말처럼 참으로 복 받고 잘 사는 이유가 잘 주는 데 있는 것 같다. 「첫눈」은 술생각이 나면 혼술이라도 좋은데 눈 오는 날은 내리는 눈처럼 천천히 마셔야 할 이유는 눈은 하늘에서 땅까지 왔는데 서둘턱이 없다면서 좋은 술맛 얘기를 한 시다.

  「농주」는 춘곤에 피곤한데 달구지 소리에 목이 마를 때 아내가 권한 한잔 술의 온 세상을 자기 것으로 만든다는 것으로 한 잔에 온 천하를 차지한 것처럼 좋고 평화롭고 평안하다는 것이다.

  「포장집」은 자정 무렵 하루의 피로가 무거울 때 한 잔은 가슴을 틔워 천하를 거머잡은 듯 별빛과 입이 맞춰 토해낸 진실을 마시는 듯한 안주로 올라온 꽁치의 눈이 살아오르도록 신선하다는 얘기이다. 「첫눈이 내린다」의 시는 술 생각 날 때 혼술이라도 천천히 마셔야 할 것 같다며 먼 길을 내려온 눈이 오는 날인데 서두를 것이 없다며 바쁘게 살아도 이런 때는 아주 조용하고 여유가 있는 눈 오는 날 술을 마시고 싶게 권하는 시며 시 전체가 술이 취할수록 더욱 천천히 취기가 올라 여유로워가는 취중도사의 모습이다.

마. 사는데 푯대가 되고 살아 보고 싶은 「대나무」

　전략
　마디 매듭 절개를 다지며
　곧은 모양을 짓는
　대나무를 보아라
　중략
　눈치 채지 않게 자란다
　중략
　눈비와 벼락이 내리쳐도
　서 있을 수밖에
　중략
　질기고 질긴 형벌이다
　대나무는 한편의 詩다
　　　　　　　　　　　－「대나무」

　우리 서로 지쳐 있을 때
　마음 든든한 사람이 되고
　중략
　서로 위안이 되는
　그런 사람이 되었으면
　좋겠습니다
　중략
　작은 것이게 하고 더 주고
　덜 받음에 섭섭해 말며
　중략
　우리 서로 기억마다
　반가운 사람이 되었으면

좋겠습니다
 중략
언제고 부르면 달려올 수 있는
자리가 되면 좋겠습니다
 중략
눈이 시리도록 바라보고 싶은 사람
우리 서로 끝없이 기쁜
버팀목이 되었으면 좋겠습니다
-「버팀목」

 전략
적어서 창피하다고
마냥 쑥스러워 하시는
할아버지가 있습니다
 중략
토끼를 부지런히 키워
평생을 모은 돈을 몽땅 기부한
할아버지가 있습니다
 중략
참 잘 하셨습니다
후략
-「할아버지」

먼 훗날
떠나야지
혼자 떠나야지
 중략

그대로 놓고 떠나야지
 중략
질풍 같은 시간
요새 와서 실감 난다

사는 동안
정말 고맙다고
인사하고 살아야지

먼 훗날 떠날 때
가볍게 떠나야지

땅을 바라보며
감사하며 떠나야지

이별 연습이다
그래도 눈물이 난다
눈물이 흐른다
　　　　　　　　　　　　－「이별 연습」

전략
울퉁불퉁한 바위 사이를
숲속에서 해방된 것처럼
걸어나온다

일상을 뒤로하고
 중략
단어를 엮어 꾸민

시를 쓰는 일보다
　　기쁜 일도 드물다
　　　중략
　　퉁명스럽던 말투가
　　오늘 부드러운 것도
　　흔들리지 않는
　　시詩가 있기 때문이다
　　　후략
　　　　　　　－「숲속에서」

　「대나무」란 시는 죽순의 힘을 보고 마디 절개를 다지며 곧고 눈치 채지 않게 자라고 눈비가 내리쳐도 서서 번듯하게 사는 질긴 형벌 같이 사는 대나무는 한 편의 시라고 하였다.

　「버팀목」이란 시는 지쳐 있을 때 든든한 사람 막막할 때 위안이 되는 사람 더 주고 덜 주고 섭섭하지 말고 기억마다 반가운 사람이 되었으면 지친 사람에게 기댈 수 있는 사람, 언제나 부르면 달려올 수 있는 사람, 눈이 시리도록 보고 싶은 사람, 서로 끝없이 버팀목이 되었으면 좋겠다고 하였는데 강흥식이란 작자가 그렇게 살고 있는 사람이다. 「할아버지」란 시는 토끼를 애써 키워 평생 모은 돈을 기부한 것이 참 잘했다면서 그렇게 홀가분한 것도 더할 수 없는 행복이라고 한 시이다 「이별 연습」에서 강흥식은 세상을 떠날 때 자기 혼자만 떠나며 자연을 그대로 두고 사철도 꽃도 아름다운데 더욱 요새가 실감 난다며 사는 동안 고마웠다고, 가볍게 떠나고 땅을 보고 감사하겠다며 이별을 연습해도 눈물이 흐른다는 정겨운 이별 앞의 성공자의 삶의 마지막 모습을 보는 느낌이다.

마지막 시인 「숲속에서」 강흥식은 어디인지 숲속에서 해방된 것처럼 걸어나온다고 하며 말을 갈아 단어를 엮어 시를 쓰는 일보다 더 기쁜 일도 드물다고 하며 자기가 흔들리지 않는 것도 시가 있어서라고 하는 것을 보면 결론적으로 시를 짓는 마음과 행위가 세상의 어떤 것보다 크고 위대한 인생의 가치를 짓는 인생의 셈법이라는 것으로 크고 넓은 시인의 앞날을 보는듯한 향기로운 마음을 보여준다.

3. 나오며

강흥식은 고희를 감나무에 벼락이 맞은 날에 태어나고 인심 좋은 고향에서 맞이하기까지 세상에서 지고지순한 최고의 부모한테서 태어난 것을 세상에서 최고의 행운으로 생각하며 산보다 크고 바다보다 넓은 은혜에 보답은 하지 못했지만 눈물겹게 감사하며 늦었지만 그 마음을 시에 담아 보여 드리려 이 시집을 만든 효자이다.

시골 고향에 살면서 농촌에서 일어난 일들을 모두 정겹게 생각하고 살면서 '대추 먹듯 일하고, 밤 까듯 살림하라'시던 부모님의 말씀을 들으며 새벽에도 물을 주시어 콩나물을 길러 먹고 자라면서 가문을 일으키라는 뜻으로 이름을 받고 텃논을 받아 농사지으며 조상님들의 유업을 받으며 새벽전투하듯 일이 잘 되게 하려면 신나게 잘 낫을 잘 갈아 써야 한다고 생각하니 도리깨 소리가 아주 듣기 좋게 들리고, 들깨를 도리깨로 돌릴 때는 다친 사람이 어깨를 들었다 살짝 놓듯 힘을 빼고, 다발을 뒤집을 때는 어린 애기 씻어 줄 때 돌려 눕히듯 살짝 뒤집으라는 등의 듣고 보고 실천한 생활로 하고 지혜롭게 살아왔고 어릴적 풋사랑과 친구들과 사귀며 사는 얘기. 고달프고 어려울 때 술 한잔하면서 시름을 달래고 백일주를 담아 친구들을 불러 백세를 기원하고, 대쪽 같이 버팀목 같은 마음의 신조를 가지고 사회에 나가 열심히 하여 공부도 잘하고 국문 선생이 중학교 선생이 되어 대전의 교육장이 되어 수요자가 요망하는 교육 등 일선학교 교육발전에 공을 많이 들여 성과를 많이 거둔 큰 교육자가 된 것이다.

  그러면서도 틈틈이 시를 써서 모았는데 오늘 보면 하나의 자전적 시로 엮어진 시가 읽으면 재미있고 배우게 되며 시적인 면으로 봐도 순수 서정의 공감각적 정황이 뭉뚝스러우면서도 애잔하고 누구에게나 등이 똑같이 가려울 공감적인 느낌이 새록새록 보이는 듯 들리는 듯한 시가 융합되어 큰 감동을 준다.

  이제 전반기 성공적인 살아온 인생을 돌아보았으니 후반기 인생을 고향은 아니지만 좀 떨어진 양촌지역에 자리잡아 너른 마당에 석류나무를 심고 순후한 자연속에서 유유자적하게 살고 있으니 더욱 노련한 시의 경지에 빠져 더욱 성숙한 시를 많이 써서 한국 시단에 휘날리게 될 것을 기대해본다.

강흥식 시집

머무르고 싶은 순간들

초판 인쇄 2022년 8월 25일
초판 발행 2022년 9월 3일

지은이 강흥식
펴낸이 강신용
펴낸곳 문경출판사
주 소 34623 대전광역시 동구 태전로 70-9 (삼성동)
전 화 (042) 221-9668~9, 254-9668
팩 스 (042) 256-6096
E-mail mun9668@hanmail.net
등록번호 제 사 113

ⓒ 강흥식, 2022

ISBN 978-89-7846-791-9 03810

값 12,000원

* 무단 복제 복사를 금함
* 잘못된 책은 교환해드립니다.